EL LIBRO "PROMOVER Y PROSPERAR: ESTRATEGIAS PARA EL CRECIMIENTO EMPRESARIAL"

Contenido

3

ANTES

¿Qué es el Marketing Empresarial?

Para llegar a su público objetivo, enviarles mensajes y aumentar las ventas de productos y servicios, muchas organizaciones y empresas utilizan diversas tácticas de marketing, como la publicidad corporativa. Para lograr su objetivo, podrían usar una variedad de estrategias, incluidas las relaciones públicas, las ventas personales y el marketing directo. Al elegir la mejor estrategia de marketing para su negocio, puede aumentar sus ganancias y construir una sólida reputación. Este artículo cubre la definición de promoción comercial, la distinción entre esta y la publicidad, y una discusión de sus muchas formas.

¿Qué es el Marketing Empresarial?

Para la respuesta a la pregunta "¿Qué es el soporte comercial?" puedes investigar qué incluye y cuáles son sus múltiples variantes. Las empresas utilizan la promoción comercial como un método para aumentar las ventas de sus bienes y servicios. Es parte de la mezcla de marketing, que también incluye los elementos de producto, precio, ubicación y publicidad. El uso de diferentes plataformas es parte del marketing comercial, cuyo objetivo es atraer a los clientes a comprar.

La publicidad y la promoción comercial tienen propósitos diferentes.

Las categorías exactas en las que se incluyen el marketing comercial y la publicidad son solo una de las diferencias entre ellos. Las otras distinciones son:

definición

El objetivo del marketing empresarial es aumentar las ventas haciendo que la gente compre cosas. Los folletos, las redes sociales y las ventas directas de persona a persona son algunas de las formas en que las empresas están haciendo esto. La publicidad informa a las personas sobre un producto o servicio a través de una red patrocinada, como los comerciales de televisión. Parte del marketing empresarial es la publicidad.

Objetivos

El propósito de la publicidad corporativa es atraer a los clientes que ya están familiarizados con un producto, servicio o marca para que lo compren. El objetivo principal de este ejercicio es aumentar las ventas. La publicidad llega a consumidores que pueden o no conocer una marca en particular . Construir la reputación de una marca es el objetivo principal de la publicidad. Las estrategias de apoyo comercial tienen un impacto inmediato, mientras que la publicidad puede tardar en tener un impacto.

Tecnología

Mientras que la publicidad comercial es más directa, la publicidad utiliza una técnica indirecta para aumentar el conocimiento de un producto.

¿Cuál es el mercado objetivo?

Un público objetivo es un grupo demográfico específico que es más probable que compre su producto o servicio. Como puede ver en el gráfico a continuación, es fundamental para todos sus planes de orientación y publicidad.

Se diferencia de la orientación por persona (agrupaciones ideales de personas que son clientes ideales), que es mucho más amplia y cubre grupos que "podrían estar interesados".

Grupos objetivo típicos

Una estrategia inteligente para asegurarse de que está conectando e influyendo en las personas con más probabilidades de convertirse en clientes es definir su público objetivo.

BMW, por ejemplo, tiene un mercado objetivo específico para el que ofrece una variedad de automóviles (y ahora experiencias) basados en la "máquina de conducción definitiva".

Aunque BMW es conocida por sus clientes muy leales, la empresa también busca activamente nuevos clientes. Aunque los clientes acaudalados son el público objetivo principal de la empresa, también dirige su publicidad a una amplia gama de personas en todo el mundo.

Cómo encontrar y conectar con tu público objetivo

Toda empresa debe tener una idea de su mercado objetivo, pero en el marketing B2B puede ser especialmente útil desarrollar personas objetivo que sean mucho más profundas. Aquí, puede usar perfiles basados en investigaciones que identifiquen a sus clientes potenciales para ayudarlo a crear contenido específico para ellos y sus necesidades.

¿Formas efectivas de crear una gran identidad de marca?

Los clientes modernos quieren estar conectados con la voz, el mensaje y la imagen de marca de una empresa, no solo con un producto específico. Sin embargo, construir una marca es más un proceso que una simple acción. Los dueños de negocios deben elegir las mejores estrategias para comercializar su identidad de marca y constantemente "vivirlas", y conocer su trabajo y sus consumidores.

Enfoca tu marca en tu historia

Los consumidores inteligentes buscan formas de conectarse e identificarse con los bienes y servicios que compran. Encontrarse en su historia de origen es una forma poderosa para que los consumidores se conecten con su marca. La historia de su negocio debe presentar la inspiración para su desarrollo de manera que sus clientes objetivo puedan relacionarse y desarrollar un sentido de lealtad hacia usted.

Asegúrate de que el cliente esté satisfecho. Cumple con la promesa de la marca

Considere cómo la experiencia real del consumidor refleja la promesa de la marca. Por ejemplo, ¿cómo reflejan los puntos de contacto del cliente la orientación hacia la confianza de la promesa de la marca? ¿Tu factura solo muestra la penalización por falta de pago? ¿Cómo cumple esto la obligación? Es importante pensar en cómo cada etapa del viaje del cliente se conecta con su marca.

Asegúrate de gustarle a los miembros de tu equipo.

Los líderes empresariales a menudo olvidan que sus empleados son los mejores embajadores de su marca. Fortalecerán su marca más de lo esperado cuando traten a sus empleados con respeto, los hagan sentir valorados y valorados por el trabajo para el que fueron contratados y les den la libertad de innovar. Concéntrese en sus clientes internos; Tú te encargas del resto.

Comience con un fuerte sentido de sí mismo.

Cuando no sabe cómo lo ven las personas a las que quiere llegar, es casi difícil desarrollar una estrategia de marca altamente exitosa. Comprender el valor de su negocio único es crucial, pero implica más que fanfarronear ante los demás sobre lo excelente que es en lo que hace. No confundas los dos. Es por eso que las grandes empresas gastan mucho dinero en grupos focales.

Destácate de la competencia

Las marcas que satisfacen la demanda insatisfecha del mercado se diferencian de la competencia. Uno que combina pasión y honestidad, algo que capturan y transmiten audazmente al público. Sin embargo, muchos gerentes de marca dudan en probar cosas nuevas o aventurarse en lo desconocido. Ser comparable a la oposición es fatal. El mercado está hambriento de novedades, así que dáselas y comprarán.

Para crear un eslogan y un logotipo:

7 consejos de enfoque.

Tener sentido:

- Entregue un mensaje que su público objetivo tomará en serio y comprenderá.

- Hazlo inolvidable.

- aguanta

- dilo en voz alta

- Incorpórelo en el diseño de su logotipo. Haz lo tuyo

- ¿Qué hace que un diseño de logotipo sea memorable?

- Elementos importantes en la creación de un diseño de logotipo memorable Debe asegurarse de que el diseño de su logotipo sea simple pero distintivo.

Crear una presencia digital

En 2023, nos dimos cuenta de que nada es seguro cuando se trata de pequeñas empresas. Las empresas han cambiado, los modelos de negocio se han interrumpido, los hábitos y comportamientos de los consumidores han cambiado. La introducción de nuevas tecnologías y la adopción de métodos digitales han jugado un papel importante en muchas de estas mejoras.

Ahora echemos un vistazo a cómo el uso de tácticas digitales puede ayudarlo a construir una sólida presencia en línea, llegar a más clientes nuevos, aumentar el compromiso con su base de clientes actual y elevar el perfil de todo su negocio. Necesitan llegar a los consumidores donde están ahora, que es en línea, porque el comportamiento del consumidor ha cambiado.

Elija el mejor creador de sitios web para el sitio web de su pequeña empresa.

Puede crear su sitio web utilizando cualquiera de los diversos creadores de sitios web disponibles. Algunos se basan en habilidades básicas de diseño y codificación, mientras que otros hacen precisamente eso.

Invertir en un dominio

Si desea inspirar confianza en línea y convencer a los clientes de que usted es el verdadero negocio, su empresa necesita un nombre de dominio. Ser propietario de su propio nombre de dominio mejora su clasificación en los motores de búsqueda y protege su marca.

Piense en su nombre de dominio como la versión de Internet de su ubicación física. Determina cómo la gente te encuentra en línea.

¿Cuál debería ser su nombre de dominio entonces? Al elegir un nombre de dominio, trate de mantenerlo lo más breve y relevante posible para su negocio. Para animar a los clientes a volver (¡y tal vez recomendarlo a sus amigos!), asegúrese de que sea relevante para su negocio, fácil de encontrar y preferiblemente fácil de recordar.

Al elegir su nombre de dominio, hay una serie de cosas que debe evitar, incluidos números, guiones y abreviaturas. Por supuesto, también es muy importante asegurarse de que realmente puede comprar el nombre de dominio que desea. No hay nada peor que elegir un nombre de dominio e incluso ir tan lejos como para crear cuentas de redes sociales solo para descubrir que ya está ocupado.

La página de bienvenida

Piense en la página de inicio de su sitio como la entrada. Esta es su oportunidad de dar una buena primera impresión y resaltar las características clave de su producto o servicio. Considere que los consumidores no tienen mucho tiempo y las decisiones sobre su sitio web se toman en solo 0.05 segundos (!!!).

Al diseñar su página de inicio, es importante pensar: "¿Para quién es esto?" Esto se aplica tanto a su sitio web como a todo su negocio. Asegúrese de que su página de inicio indique claramente si se dirige a un grupo o industria específica. Se puede comunicar a través de palabras, imágenes o, mejor aún, ambas.

Explique claramente a sus visitantes qué hacer a continuación. ¿Quieres que la gente te compre, te llame o se suscriba a tu lista de correo? La última página o acción que realizan los visitantes en su sitio web no debe ser su página de inicio.

Biografía de tu página de inicio

Cada propietario de una pequeña empresa tiene una historia que contar. ¿Qué te motivó a emprender? ¿Que problema estas tratando de resolver? ¿Por qué valoras tu negocio? Deberías contar esta historia en tu página Acerca de.

A veces parece incómodo o forzado a hablar de sí mismo. Sin embargo, al contar la historia de su pequeña empresa, le está brindando a un cliente o partidario potencial la oportunidad de aprender más acerca de usted de lo que podría de otra manera. Explica por qué deberían estar interesados en lo que haces y qué diferencia a tu empresa de la competencia.

También comparte todas las películas y fotos que tengas. Aunque es una cara familiar en la oficina de Constant Contact, a Dawn en La Provence no le gusta que la fotografíen o la compartan en línea. Aunque se recomienda, hemos optado por incluir la famosa puerta de entrada de La Provence en su página acerca de en lugar de una foto de usted y su personal. Debajo de la foto, Dawn proporciona información sobre la historia de la tienda, su ascenso a la propiedad y la ubicación.

página de contacto para usted

Básicamente, una página de contacto solo es necesaria para que sus clientes puedan comunicarse con usted. Es importante tener claro lo que los visitantes esperan de usted cuando se ponen en contacto con usted. ¿Cuándo volverás a responder? ¿Qué esperas que presenten? ¿Qué detalles es absolutamente necesario que incluyan en su mensaje?

Es una buena idea incluir detalles de sus datos de contacto y dónde y cuándo los clientes pueden encontrarlo. Si bien es probable que la mayoría de las personas utilicen su formulario de contacto, es posible que otras deseen una respuesta urgente y prefieran llamar o pasar por allí. Proporcionar su dirección, detalles de contacto y horario de atención en esta página facilitará este proceso.

¿Cómo pueden las empresas utilizar las redes sociales para su comercialización?

Las redes sociales son una excelente manera de conectarse con sus clientes y ver lo que otros dicen sobre su negocio. Las aplicaciones móviles, los obsequios y la publicidad en las redes sociales son otros posibles usos. Las redes sociales pueden ayudar a su empresa a atraer clientes, recopilar comentarios de los clientes y generar lealtad.

¿Cuánto se utilizan las redes sociales para comercializar a otras empresas?

Cómo crear una estrategia de marketing de redes sociales B2B que funcione mejor

Sincroniza tus objetivos con los de tu negocio.

Sea consciente de las oportunidades sociales.

Vigila a tus clientes.

Usa las plataformas de redes sociales adecuadas.

Cree contenido B2B desde un nuevo ángulo.

Analiza tus estadísticas para ver tu progreso.

¿Qué es exactamente el marketing SEO?

La optimización de motores de búsqueda (SEO) implica posicionar su sitio web para que aparezca más alto en un SERP (página de resultados del motor de búsqueda) para atraer a más visitantes. Apuntar a las clasificaciones de palabras clave en la primera página de los resultados del motor de búsqueda para su mercado objetivo es una práctica común.

Describir SEO. ¿Como funciona?

El arte y la ciencia de mejorar la posición de una página en los motores de búsqueda como Google se denomina optimización web (SEO). Dado que la búsqueda es una de las principales formas en que los consumidores descubren contenido en línea, el tráfico de un sitio web puede aumentar a medida que se clasifica más alto en los motores de búsqueda.

¿Cómo se puede utilizar el SEO para comercializar un negocio?

8 consejos de SEO para pequeñas empresas
1. Elija palabras clave lógicas.
2. Presta atención a tus artículos únicos.
3. Cree enlaces a su sitio web en lugar de llenarlo con palabras clave.
4. Producir mucho de primera clase,
5. Material publicable.
6. Involúcrese en las actividades de las redes sociales.
7. Asegúrese de que su sitio web sea fácil de navegar.
8. Analiza los resultados.

¿Qué es una estrategia de promoción de contenidos?

La práctica de compartir publicaciones de blog y otros recursos a través de canales pagos y gratuitos. Por lo tanto, la publicidad de influencers, las relaciones públicas, el marketing por correo electrónico, las redes sociales y la sindicación se conocen como publicidad de contenido.

¿Qué incluye el marketing de contenidos empresariales?

Una forma de publicidad conocida como "marketing de contenido" es la creación y distribución de contenido en línea con el propósito de alentar a los lectores a visitar el sitio web de una marca, no solo promocionarlo. El uso de la narración y el intercambio de información ayuda a aumentar el conocimiento de la marca.

¿Cómo podría utilizarse el marketing de contenidos para promocionar mi negocio?

1. Cómo utilizar el marketing de contenidos para hacer crecer su negocio
2. Determine el objetivo de su mercado.
3. Buscar términos relevantes.

4. Elija y asigne sus recursos.
5. Debe planificar su equipo.
6. crear contenido
7. Anuncie al público objetivo que desea.
8. Agrega los resultados.

¿Qué enfoques relacionados con el marketing respaldan las redes sociales?

Marketing de redes sociales basado en búfer

Algunas empresas usan las redes sociales para aumentar el conocimiento de la marca, mientras que otras las usan para impulsar las ventas y el tráfico a su sitio web. El uso de las redes sociales también puede ayudarlo a crear una comunidad, aumentar la visibilidad de su marca y brindar a los clientes una forma de comunicarse con usted para obtener atención al cliente.

¿Cuáles son los cinco métodos de marketing de las plataformas de redes sociales?

Cinco consejos para un marketing eficaz en las redes sociales

Crea un plan de acción. Cada plataforma requiere un enfoque único.

Ser confiable. Aunque la frecuencia de publicación varía según la plataforma, siempre es una buena idea enviar información con frecuencia.

Cree contenido interesante y atractivo para aumentar el compromiso.

Seguimiento y análisis de métricas.

¿Qué marketing digital es el más efectivo para las empresas?

- Facebook,
- Gorjeo,
- instagram,
- LinkedIn,
- Snapchat,
- Y
- interés

¿Algunas de las plataformas más utilizadas para construir marcas y ejecutar campañas de marketing?

¿Qué es el email marketing para publicidad?

Definición. Se enviará un correo electrónico promocional a la lista de correo promocionando su producto o servicio nuevo o existente. Los mensajes promocionales se envían para informar a las personas sobre material nuevo, ofertas especiales u ofertas.

¿Cómo funciona el marketing por correo electrónico?

El marketing por correo electrónico se puede utilizar para notificar a los suscriptores de la lista que mantiene sobre nuevos productos, descuentos y otros servicios. Otra estrategia de marketing más sutil es educar a su audiencia sobre los beneficios de su negocio o mantener su atención después de la venta.

¿Cuáles son los cuatro tipos de marketing por correo electrónico?

Aquí hay 4 excelentes estrategias de marketing por correo electrónico que puede usar, junto con algunos ejemplos.

Boletines por correo electrónico. Los boletines electrónicos, también conocidos como correos electrónicos transaccionales, son una de las iniciativas de marketing por correo electrónico más extendidas y populares.

Retención de correos electrónicos. correos electrónicos promocionales.

¿Cómo se puede utilizar el marketing por correo electrónico para promocionar un negocio?

Consejos para diseñar una campaña de email marketing rentable

Seleccione una lista de correo relevante.

Crea tu correo electrónico.

Personaliza el asunto y el cuerpo de tu correo electrónico.

Sea amigable y atractivo.

Configurar seguimientos.

Los correos electrónicos deben ser enviados por una persona real.

Ejecute una prueba A/B en sus correos electrónicos.

Siga las reglas de mensajería para evitar el spam.

¿Qué es la publicidad patrocinada en la publicidad?

Lección de marketing digital: publicidad paga - DMI

Se debe comprar cualquier ubicación o espacio en los medios para que el material se pague con fines de marketing. Suelen ser anuncios o infomerciales diseñados específicamente para segmentar a su audiencia. La publicidad paga es una forma fantástica de determinar la efectividad de su contenido y la respuesta de su audiencia a su mensaje de marketing.

¿Qué tipo de publicidad se paga?

¿Cuáles son los beneficios de los anuncios pagados?

La publicidad en línea que compra se llama, como su nombre indica, publicidad paga. Pay-Per-Click

(PPC), publicidad programática como Google Ads, Google Display, Facebook Ads, Youtube Ads, LinkedIn Ads, Google y Facebook retargeting, y muchos más son algunos ejemplos de publicidad paga.

¿Cómo puedo comercializar mi negocio y ganar dinero al mismo tiempo?

Finalmente, lo alentará a encontrar formas nuevas y originales de promocionar su publicidad.

Red con una empresa de publicidad automotriz. Vende espacio publicitario en tu podcast. Vende espacios publicitarios en tu sitio web.

Vende la pantalla de bloqueo de tu teléfono. Revise los productos en los sitios de redes sociales.

Conviértete en una poderosa influencia.
Enviar publicaciones de invitados.

¿Cómo puedo conseguir que los influencers apoyen mi negocio?

El secreto para lograr que los influencers respalden tus publicaciones es explicar por qué crees que serían una buena opción para tu negocio. Dile al productor de contenido por qué te gustan y cómo respaldan los objetivos de tu campaña y los valores de la marca.

¿Qué beneficios puede ofrecer el marketing de influencers a las empresas?

Trabajar con personas influyentes puede ayudar a su negocio a hacer olas en línea. Además, puede aumentar la participación de la audiencia, la reputación de la marca y las tasas de conversión. Ya es hora de que los especialistas en marketing y los dueños de negocios entiendan y aprovechen el valor del marketing de influencers.

¿Qué incluyen las sociedades comerciales?

Las colaboraciones son acuerdos y acciones entre organizaciones que acuerdan compartir recursos para lograr un objetivo común. Las colaboraciones requieren la participación de al menos dos partes dispuestas a intercambiar recursos como dinero, información y personas.

¿Qué papel juegan las alianzas y la cooperación en el mundo de los negocios?

La colaboración tiene varios beneficios y, cuando se hace bien, puede aumentar drásticamente el compromiso, el bienestar y la productividad de los empleados. Para tener éxito, una empresa colaborativa necesita tres elementos esenciales: una cultura colaborativa, las tecnologías adecuadas y objetivos claramente articulados.

¿Qué es el marketing de marca a través de la colaboración empresarial?

Cómo aumentar tus seguidores de Instagram a través de colaboraciones de marca...

Las asociaciones Brand-x-Brand se forman cuando dos o más empresas trabajan juntas para crear algo distintivo y original para una campaña, mientras se ayudan mutuamente a crecer.

Estrategia de marketing local: ¿qué es?

El objetivo del marketing local es llegar a las personas que viven en la misma ciudad o región que su empresa. Esta parte de su estrategia de marketing se dirige a los clientes que potencialmente podrían comprar sus productos o servicios en cualquier momento y que se encuentran dentro de un cierto radio de la ubicación real de su negocio, generalmente en función de la distancia en automóvil.

¿Cómo puedo promocionar mi negocio en mi barrio?

- Cómo promocionar tu negocio localmente
- Únase a las organizaciones regionales.
- Organizar torneos y competiciones.
- Ofrezca ventajas e incentivos locales.
- Conéctese con personas influyentes y empresas en su área.
- Incluya su negocio en todos los directorios locales.
- Pon tu logo en los autos.

- Patrocinar un grupo o actividad

¿Qué son los testimonios y las reseñas?

Las reseñas son la opinión honesta e impulsiva de un consumidor sobre su compra, ya sea positiva o negativa. Por otro lado, los testimonios son solo anécdotas positivas de los clientes recopiladas con aspectos de marketing.

¿Qué incluye un testimonio?

Ejemplos de testimonios publicitarios para robar que puedes...

El comentario de un cliente sobre cómo un producto o servicio lo ha ayudado generalmente implica promocionarlo. Esto se llama un certificado de recomendación. Una de las mejores maneras de vender su negocio es a través de la publicidad testimonial que aprovecha los testimonios reales de los clientes en el lenguaje publicitario y la creatividad.

¿Cómo se utilizan las reseñas y recomendaciones de los consumidores?

- Coloque testimonios en las páginas de destino.
- Incluya testimonios en los correos electrónicos de marketing.
- Utilice testimonios de clientes en sus anuncios patrocinados.
- Incruste informes en su blog.

- Coloque avisos cerca de la CTA.
- Publicar reseñas en las redes sociales.
- Convierta los testimonios de los clientes en historias de éxito.
- No ignores las críticas negativas.

¿Qué es el enfoque de análisis de marketing?

¿Qué es un análisis de marketing? Una evaluación de marketing es un proceso que le permite comprender las múltiples segmentaciones demográficas y de audiencia de su mercado objetivo, así como las tácticas de participación exitosas, el recorrido del cliente y las técnicas de optimización de conversión.

¿Cuáles son los cuatro tipos diferentes de tácticas de marketing?

La publicidad tradicional y en Internet, la venta cara a cara, la venta directa, las relaciones públicas, los patrocinios y las promociones son ejemplos de tipos de estrategias publicitarias.

¿Cómo puedo promocionar mi negocio fuera de línea?

Tarjetas de presentación para su pequeña empresa: conceptos de marketing fuera de línea. Una de las mejores maneras de promocionar su negocio es gastar dinero en tarjetas de presentación de calidad. Crear volantes y folletos.

Crea un libro, cambia de marca, ofrece descuentos, etc.

Enviar tarjetas de Navidad y regalos.
promoción cruzada. participación en la comunidad.

Programas de fidelización: ¿qué son?

Cómo aumentar la participación en los programas de fidelización de clientes...

Un enfoque sistemático de la lealtad del cliente que apunta a recompensar a los clientes es un programa de lealtad. El objetivo es convencer a las personas para que sigan comprando en su negocio y no en la competencia. Además, aumenta la confianza del cliente en su marca.

¿Qué beneficios pueden ofrecer los programas de fidelización de clientes a las empresas?

Los programas de lealtad pueden ayudar a las empresas a retener a sus clientes más importantes con incentivos únicos. También puede recopilar datos de marketing importantes, aumentar las referencias y hacer otras cosas. A los especialistas en marketing también les encantan los programas de fidelización, por lo que no son solo para los clientes.

¿Qué son los programas de fidelización de clientes y cómo los utilizan las empresas?

¿Qué es un programa de fidelización? Los clientes que

interactúan con una marca suelen ser recompensados con programas de fidelización. Es un método para retener clientes animándolos a seguir comprando en su negocio y no en uno de sus competidores. Los clientes obtienen más incentivos cuanto más gastan o interactúan con el negocio.

Buena lectura